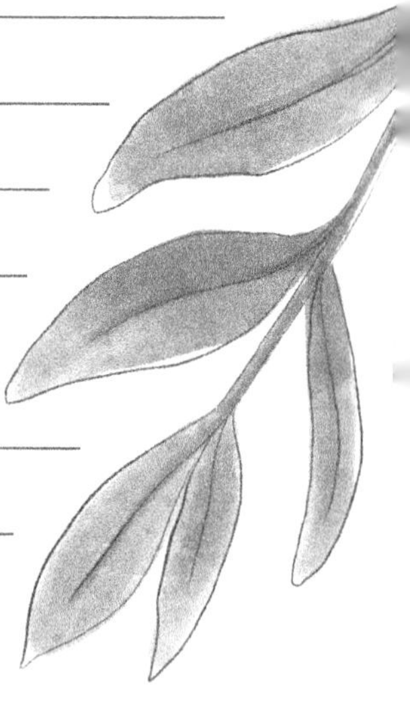

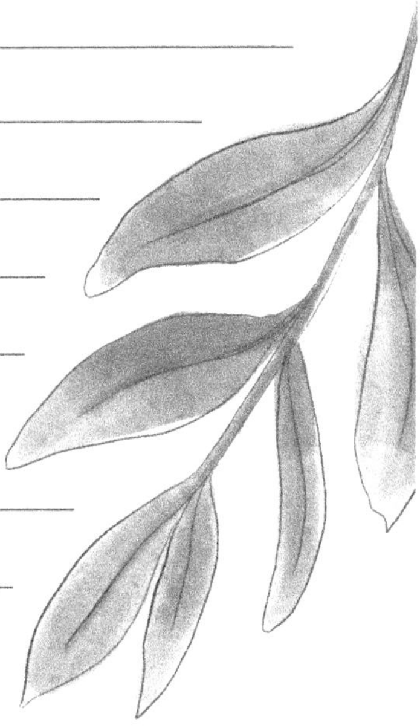

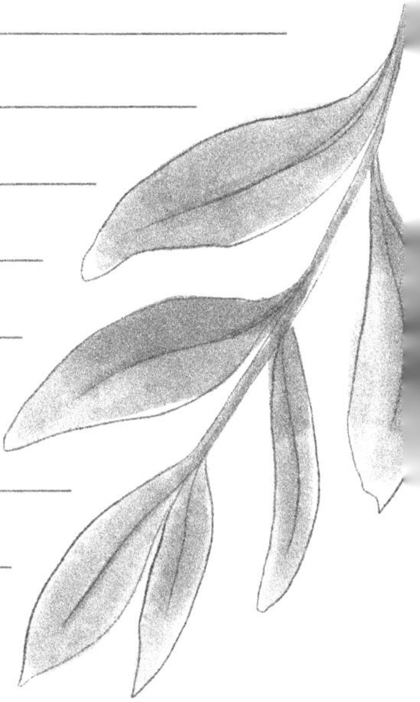

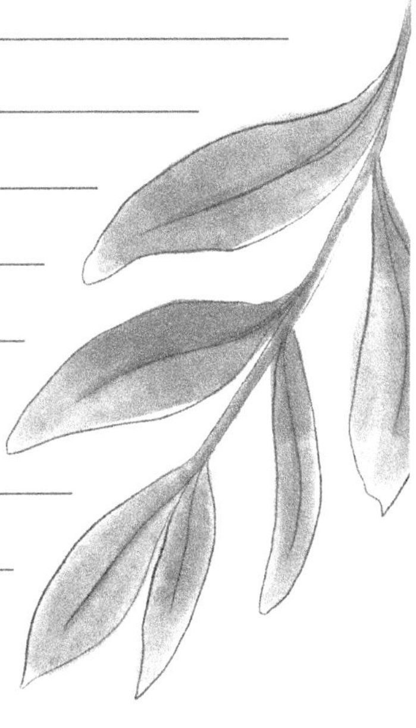

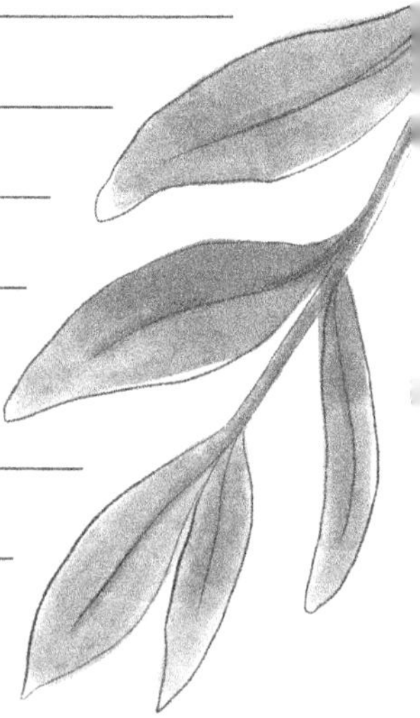

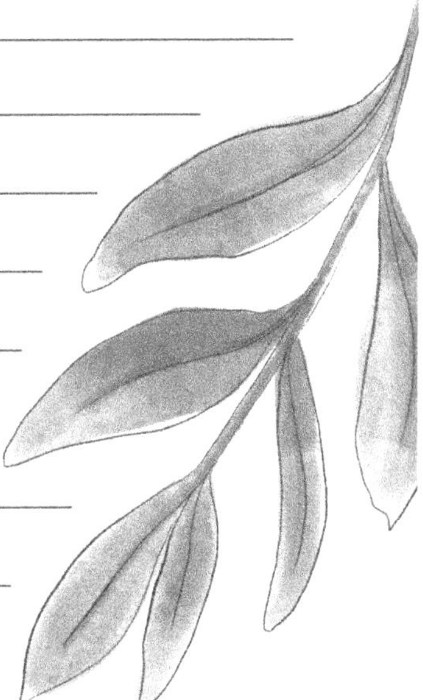

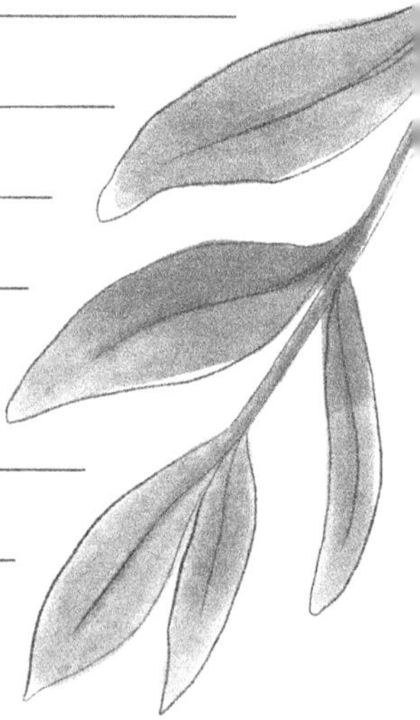

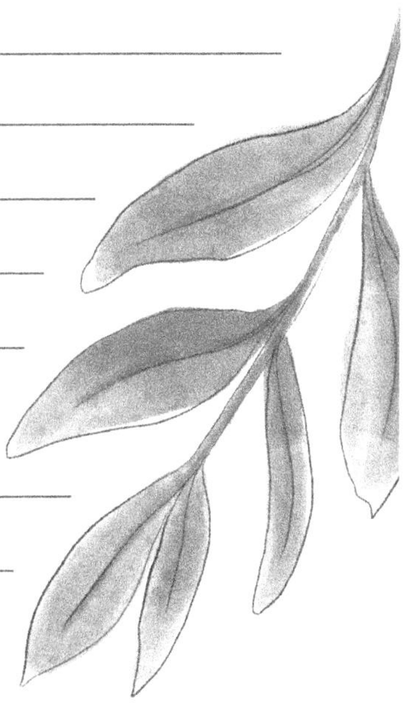

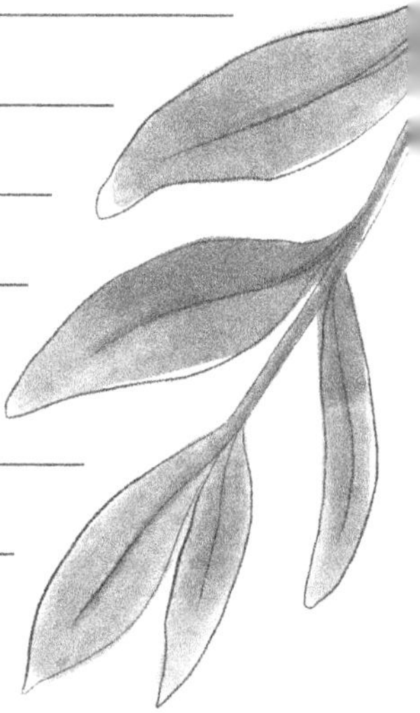

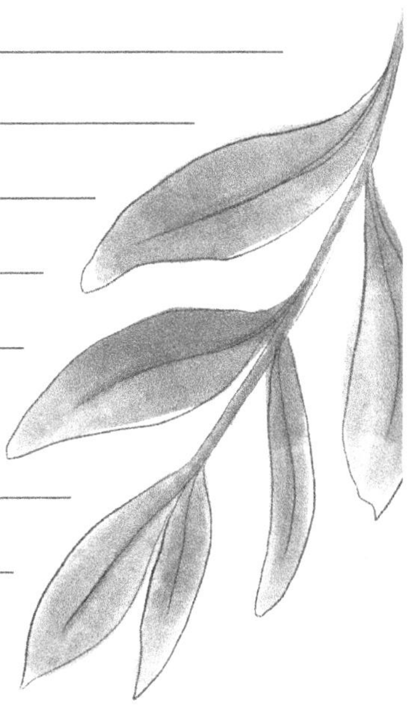

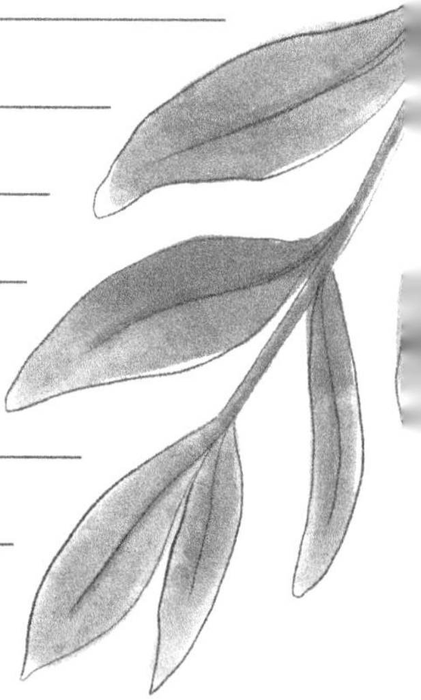

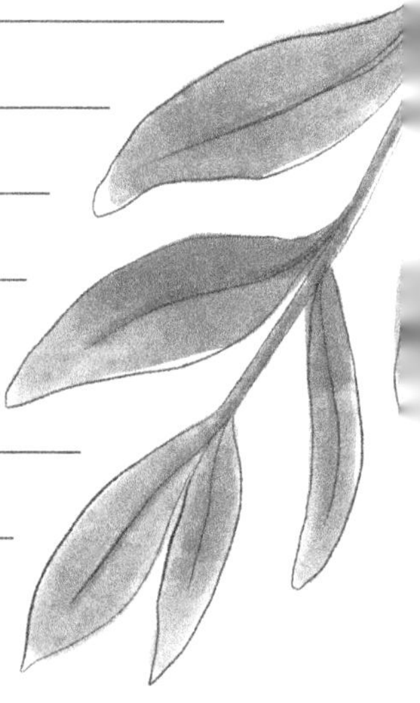

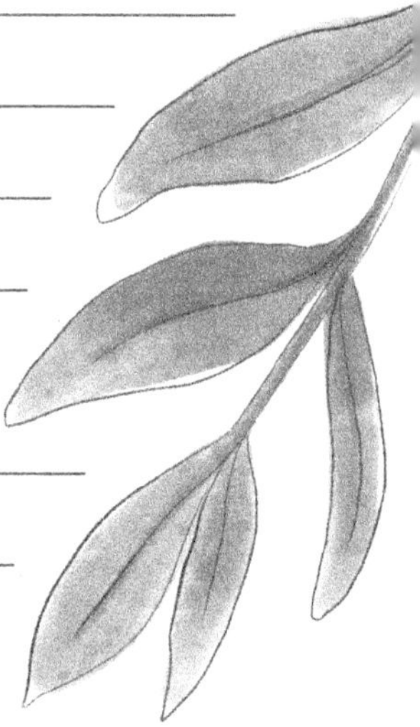

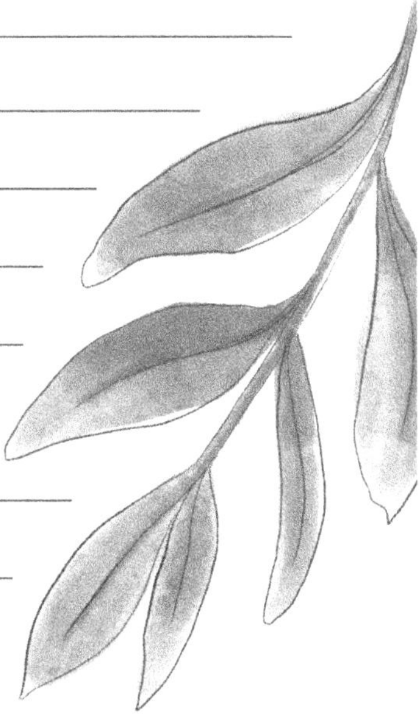

www.ingramcontent.com/pod-product-compliance
Lightning Source LLC
Chambersburg PA
CBHW061234070526
44584CB00030B/4121
* 9 7 8 1 8 3 9 9 0 5 2 8 5 *